BILBO
JEUNESSE

Gilles Tibo

Illustrateur depuis plus de vingt ans, Gilles Tibo est reconnu pour ses superbes albums, dont ceux de la série *Simon*. Enthousiasmé par l'aventure de l'écriture, il a créé d'autres personnages. Il s'est laissé charmer par ces nouveaux héros qui prenaient vie, page après page. Pour notre plus grand bonheur, l'aventure de Noémie est devenue son premier roman.

Louise-Andrée Laliberté

Quand elle était petite, pour s'amuser, Louise-Andrée Laliberté inventait toutes sortes d'histoires pour décrire ses gribouillis maladroits. Maintenant qu'elle a grandi, les images qu'elle crée racontent elles-mêmes toutes sortes d'histoires. Louise-Andrée crée avec bonne humeur des images, des décors ou des costumes pour les musées et les compagnies de publicité ou de théâtre. Tant au Canada qu'aux États-Unis, ses illustrations ajoutent de la vie aux livres spécialisés et de la couleur aux ouvrages scolaires ou littéraires. Elle illustre pour vous la série *Noémie*.

Série Noémie

Noémie a sept ans et trois quarts. Avec Madame Lumbago, sa vieille gardienne qui est aussi sa voisine et sa complice, elle apprend à grandir. Au cours d'événements pleins de rebondissements et de mille péripéties, elle découvre la tendresse, la complicité, l'amitié, la persévérance et la mort aussi. Coup de cœur garanti !

Noémie

Les Sept Vérités

Du même auteur chez Québec Amérique

Jeunesse

SÉRIE PETIT BONHOMME

Le Corps du Petit Bonhomme, coll. Album, 2005.
Les Images du Petit Bonhomme, coll. Album, 2003.
Les Chiffres du Petit Bonhomme, coll. Album, 2003.
Les Musiques du Petit Bonhomme, coll. Album, 2002.
Les Mots du Petit Bonhomme, coll. Album, 2002.

SÉRIE PETIT GÉANT

Le Dernier Cauchemar du petit géant, coll. Mini-Bilbo, 2007.
Le Grand Ménage du petit géant, coll. Mini-Bilbo, 2005.
Le petit géant somnambule, coll. Mini-Bilbo, 2004.
Les Animaux du petit géant, coll. Mini-Bilbo, 2003.
Le Camping du petit géant, coll. Mini-Bilbo, 2002.
L'Orage du petit géant, coll. Mini-Bilbo, 2001.
La Nuit blanche du petit géant, coll. Mini-Bilbo, 2000.
La Planète du petit géant, coll. Mini-Bilbo, 1999.
Les Voyages du petit géant, coll. Mini-Bilbo, 1998.
La Fusée du petit géant, coll. Mini-Bilbo, 1998.
L'Hiver du petit géant, coll. Mini-Bilbo, 1997.
Les Cauchemars du petit géant, coll. Mini-Bilbo, 1997.

SÉRIE NOÉMIE

Noémie 19 - Noémie fait son cinéma !, coll. Bilbo, 2009.
Noémie 18 - La Baguette maléfique, coll. Bilbo, 2008.
Noémie 17 - Bonheur à vendre, coll. Bilbo, 2007.
Noémie 16 - Grand-maman fantôme, coll. Bilbo, 2006.
Noémie 15 - Le Grand Amour, coll. Bilbo, 2005.
Noémie 14 - Le Voleur de grand-mère, coll. Bilbo, 2004.
Noémie 13 - Vendredi 13, coll. Bilbo, 2003.
Noémie 12 - La Cage perdue, coll. Bilbo, 2002.
Noémie 11 - Les Souliers magiques, coll. Bilbo, 2001.
Noémie 10 - La Boîte mystérieuse, coll. Bilbo, 2000.
Noémie 9 - Adieu, grand-maman, coll. Bilbo, 2000.
Noémie 8 - La Nuit des horreurs, coll. Bilbo, 1999.
Noémie 7 - Le Jardin zoologique, coll. Bilbo, 1999.
Noémie 6 - Le Château de glace, coll. Bilbo, 1998.
Noémie 5 - Albert aux grandes oreilles, coll. Bilbo, 1998.
Noémie 4 - Les Sept Vérités, coll. Bilbo, 1997.
Noémie 3 - La Clé de l'énigme, coll. Bilbo, 1997.
Noémie 2 - L'Incroyable Journée, coll. Bilbo, 1996.
Noémie 1 - Le Secret de Madame Lumbago, coll. Bilbo, 1996.
- **Prix du Gouverneur général du Canada 1996**

Moi, Noémie et les autres, coll. Bilbo, 2009
Ma meilleure amie, coll. Album, 2007.
- **Prix du Gouverneur général du Canada 2008 - Illustrations**
- **Prix Alvine-Bélisle 2008**

La Nuit rouge, coll. Titan, 1998.

Adulte

Les Parfums d'Élisabeth, coll. Littérature d'Amérique, 2002.
Le Mangeur de pierres, coll. Littérature d'Amérique, 2001.

Noémie
Les Sept Vérités

GILLES TIBO

ILLUSTRATIONS : LOUISE-ANDRÉE LALIBERTÉ

QUÉBEC AMÉRIQUE jeunesse

Catalogage avant publication de Bibliothèque et Archives nationales du Québec et Bibliothèque et Archives Canada

Tibo, Gilles
Les Sept Vérités
(Bilbo ; 74)
ISBN 2-89037-828-4
I. Titre. II. Collection.
PS8589.I26S46 1997 jC843'.54 C96-941300-1
PS9589.I26S46 1997
PZ23.T52Se 1997

ISBN-10 : 2-89037-817-9
ISBN-13 : 978-2-89037-817-9

Conseil des Arts du Canada / Canada Council for the Arts

SODEC Québec

Nous reconnaissons l'aide financière du gouvernement du Canada par l'entremise du Programme d'aide au développement de l'industrie de l'édition (PADIÉ) pour nos activités d'édition.

Gouvernement du Québec – Programme de crédit d'impôt pour l'édition de livres – Gestion SODEC.

Les Éditions Québec Amérique bénéficient du programme de subvention globale du Conseil des Arts du Canada. Elles tiennent également à remercier la SODEC pour son appui financier.
Québec Amérique
329, rue de la Commune Ouest, 3e étage
Montréal (Québec) H2Y 2E1
Téléphone : 514 499-3000, télécopieur : 514 499-3010

Dépôt légal : 3e trimestre 1997
Bibliothèque nationale du Québec
Bibliothèque nationale du Canada

Révision linguistique : Diane Martn
Montage : Andréa Joseph [PAGEXPRESS]
Conception graphique : Isabelle Lépine
Réimpression : septembre 2009

www.quebec-amerique.com

Imprimé au Canada

À la mémoire de ma mère…

-1-

Dans l'escalier

Incroyable! Je viens d'apprendre la plus importante nouvelle de toute ma vie : Madame Lumbago est ma vraie grand-mère. Ma vraie grand-mère pour vrai. Je me le répète mille fois... ma vraie grand-mère pour vrai... ma vraie grand-mère. Je n'arrive pas à le croire.

Elle et moi, nous sommes assises, immobiles au pied d'un grand escalier, quelque part entre la caisse populaire et la maison. Madame Lumbago, les larmes aux yeux, me prend dans ses bras. D'une main, je serre sur mon cœur le testament de

Monsieur Lumbago que nous venons de trouver dans le coffret de sûreté. De l'autre main, je tiens le parapluie.

Nous regardons passer les nuages sans dire un mot. Il y a trop d'émotions pour dire des choses.

Comme dans les films, je récapitule... J'ai découvert le trésor de Monsieur et Madame Lumbago : des milliers et des milliers de pièces de monnaie cachées dans tous les murs de leur appartement. Ensuite, j'ai trouvé un miroir déformant avec, au dos, un code secret. J'ai convaincu Madame Lumbago de déposer tout l'argent à la banque. Après plusieurs attaques de voleurs, gangsters et hors-la-loi, nous avons résolu l'énigme du miroir qui nous a mises sur la piste d'un coffret de sûreté. J'y ai découvert le testament de Monsieur Lumbago et j'ai appris qu'il était mon vrai grand-père, donc que Madame Lumbago... YAHOU!... est ma vraie grand-mère pour vrai! J'en suis tout étourdie, bouleversée, chamboulée, ravie, émue et... super choquée. Toute la planète connaissait la vérité sauf moi!

Alors, comme dans les montagnes russes, je descends dans la colère, puis je monte dans la joie. Je tremble. J'ai chaud et froid partout dans le corps. Je déteste mon père, ma mère, Monsieur et Madame Lumbago. Et en même temps, je les adore. Tous ces gens m'aiment, je le sais. J'espère qu'ils avaient une bonne raison de me faire des cachotteries!

Madame Lumbago a juré de me dire la vérité, toute la vérité, rien que la vérité. Elle murmure en regardant passer les nuages :

—Je savais qu'un jour je me retrouverais face à mon passé. La vie tourne en rond... Et tout devient clair comme de l'eau de roche...

C'est peut-être clair pour elle... moi, je n'ai rien saisi à ce qu'elle vient de marmonner. Si elle m'explique les choses de cette façon-là, je ne comprendrai jamais rien. Je lui suggère, mine de rien :

—Madame Lum... Heu... grand-maman Lumbago, ne restons pas dans cet escalier. Si vous le permettez, je nous invite toutes les deux à manger au restaurant. Il est presque midi.

—Bonne idée, ma belle petite Noémie d'amour que j'aime plus que tout au monde...

Je prends la main de ma vraie grand-mère. Nous marchons sur le trottoir comme si nous partions à la conquête du monde. Je lui demande :

— Vous allez me dire toute la vérité?

— Oui! Je le jure...

— Allez-y, je vous écoute.

— Mon Dieu Seigneur! Noémie, une vie ne se raconte pas en deux secondes. C'est très très compliqué... et je n'ai pas l'habitude de parler de ces choses-là.

— Bon, je comprends. Voici une question plus facile : comment se fait-il que vous soyez ma vraie grand-mère pour vrai?

Madame... grand-maman Lumbago devient rouge comme une tomate. Je sens qu'elle cherche ses mots. Elle ouvre la bouche et demande :

— Où aimerais-tu manger?

-2-

Au restaurant

Pas de chance, au restaurant, il y a une longue file d'attente. On dirait que toute la galaxie veut dîner au même endroit. Je trépigne d'impatience. Grand-maman Lumbago ne dit rien, elle regarde au loin. Puis elle se penche vers moi :

—Ne t'en fais pas, je cherche mes mots, je vais tout te raconter.

Après un siècle d'attente, j'ai le ventre qui gargouille. On dirait que chaque client s'efforce d'allonger son repas en prenant deux desserts et en sirotant son café.

On finit par s'asseoir à une table près de la fenêtre. Lorsque la serveuse se présente, je lui dis :

—Je ne veux même pas regarder le menu. Donnez-moi ce qu'il y a de plus rapide à manger.

—Même chose pour moi, reprend grand-maman Lumbago. Je meurs de faim!

La serveuse tourne les talons et disparaît dans les cuisines. Je n'ai pas le temps d'ouvrir la bouche qu'elle réapparaît avec deux soupes au poulet.

Notre soupe à peine commencée, la serveuse accourt avec deux assiettes de spaghettis sauce aux tomates. Ça me rappelle quelque chose*, mais je n'ai pas le temps de dire OUF qu'elle revient avec deux desserts, un verre de lait, un café

*Voir Noémie, Le secret de Madame Lumbago

et l'addition.

—Voilà, dit-elle en reprenant son souffle. Pouvez-vous me payer tout de suite? Je suis pressée moi aussi. Je dois partir...

Grand-maman me fait un clin d'œil. Elle ouvre son sac à main, en sort un beau portefeuille tout neuf et donne un vrai billet de vingt dollars à la serveuse.

—WOW! Grand-maman, de l'argent en papier!

—Eh oui! C'est beaucoup plus léger que des pièces de monnaie en métal... Et ça prend beaucoup moins d'espace dans un sac à main.

La serveuse ne semble rien comprendre. Elle fouille dans sa poche droite et en tire une grosse liasse. Elle donne quelques billets à grand-maman Lumbago en disant :

—Voilà! Merci! Bon appétit.

—Merci beaucoup, répond grand-maman Lumbago. Gardez la monnaie pour le pourboire... Maintenant, nous allons manger...

—Et nous allons parler... Je veux dire que vous allez tout m'expliquer.

—D'accord, mais il y a trop d'événements et de souvenirs qui se bousculent dans mon vieux cœur... J'ignore par où commencer.

—J'ai une bonne idée. Commencez par le début, ça sera plus facile comme ça.

—Le début... le début, il commence où?

—Grand-maman! Si vous ne commencez pas immédiatement à raconter pourquoi vous êtes ma vraie grand-mère, je me lève debout sur mon banc et je fais la pire crise de toute ma vie. Je vais crier, gémir et hurler jusqu'à...

—Je préférerais qu'on en parle tranquillement à la maison...

—Non, s'il vous plaît! Je vous en supplie! C'est de la torture! Allez-y!

Madame Lumbago regarde par la grande fenêtre du restaurant. Mais elle ne regarde pas dehors, elle cherche en dedans... On dirait que les mots naissent quelque part très loin au fond de son ventre et qu'ils doivent emprunter le long chemin de la mémoire.

Moi, j'attends. Je n'ose pas la bousculer. Ce n'est pas mon genre...

Un à un, les clients paient leur addition à une autre serveuse et disparaissent dehors sous la pluie. On dirait qu'un ouragan a fait le tour des tables. Les assiettes gisent pêle-mêle, à moitié remplies de nourriture, de serviettes en papier et de vieux mégots de cigarettes.

Grand-maman avale un peu de salive. Elle pousse son bol de soupe et pose l'assiette de spaghettis sur le napperon. Sans lever les yeux, en rougissant, elle murmure :

—Voici... Il y a fort longtemps, j'étais une jeune femme, une belle jeune femme de quinze ans. Je ne m'appelais pas encore Madame Lumbago, je m'appelais Blanche Vaillancourt. On me surnommait Blanche-Neige, ou simplement Neige. Je vivais à la campagne à Saint-Paulin avec ma famille, mes parents, mes trois frères et mes quatre sœurs. Comme j'étais la plus âgée, je me levais avant l'aube pour faire le train du matin.

—Vous avez déjà conduit des trains? À la campagne?

—Mais non, « faire le train » veut dire traire les vaches, soigner les animaux. Tous les matins, je quittais la maison et me rendais à l'étable par le petit chemin de terre. Je me souviens du parfum de la nuit, de la brume qui flottait au-dessus des champs, des oiseaux qui virevoltaient autour de la grange. Ce coin de pays, avec ses coteaux, ses rivières et ses forêts, représentait tout ce que j'aimais. L'été, les baignades dans le ruisseau, les balades sur les chevaux de trait. L'automne, la récolte et les moissons. Les grands froids venus, je me souviens de la maison qui craquait, du feu qui grondait dans le poêle à bois. Puis la fonte des neiges, l'attente des premiers bourgeons...

—Bon, grand-maman, je m'excuse de vous couper la parole, mais il me semble que là, vous faites de la poésie. Moi, je veux savoir ce qui s'est réellement passé. Un point c'est tout!

-3-

Le dîner

Grand-maman Lumbago appuie ses coudes sur la table du restaurant et dit :

—Pour te raconter l'histoire de ma vie, je dois t'expliquer le contexte. À cette époque, la vie ne ressemblait pas à celle d'aujourd'hui. Il n'y avait ni télévision ni jeux vidéo.

—La vie devait être plate !

—Surtout l'hiver, mais il y avait toujours quelque chose à faire. Les soirs creux, nous recevions souvent la visite de notre deuxième voisin, un beau grand jeune homme qui s'appelait

Joachim Laverdure. Ce fut mon premier prétendant. Il y en avait un autre au village, et lui, sais-tu comment il s'appelait?

—Mais non! Comment voulez-vous que je le sache!

—Il s'appelait Émile... Émile Lumbago.

—Ah! Je comprends. Vous avez marié Monsieur Lumbago!

—Mais non, pas tout de suite. Chaque fois que je descendais au village, j'allais à la Quincaillerie Lumbago commander des clous, des vis, des outils pour mon père. Le jeune Émile livrait la marchandise dans un vieux camion rouge. Et voilà qu'un jour...

À mesure que Madame Lumbago raconte sa vie, je m'aperçois que tous les clients ont quitté le restaurant. Tous, sauf un seul. Un monsieur avec un drôle de chapeau qui lit son journal à la table voisine. Avec son crayon, il fait semblant de remplir une grille de mots croisés. Je sais reconnaître un espion qui prend des notes. Sa valise cache un magnétophone et un détecteur de mensonges, je le sais, je l'ai vu dans plusieurs films.

Alors, avec les yeux, je fais des signes à grand-maman. Elle semble tellement absorbée par ses souvenirs qu'elle ne comprend rien. Je me penche vers elle et lui murmure :

—Parlez moins fort, on nous espionne à la table voisine...

—Voyons donc, Noémie, que racontes-tu?

Grand-maman Lumbago n'a pas regardé beaucoup de films. Elle ne peut pas tout comprendre. Je lui suggère :

—Nous devrions changer de table. Nous serions mieux là-bas, au fond du restaurant!

—Mais non... Mais non, je veux rester près de la fenêtre.

—Bon... Continuez à me raconter votre vie, mais s'il vous plaît, parlez moins fort.

-4-

L'espion vendeur d'assurances

Grand-maman murmure :

— C'est vrai qu'il a l'air louche, ce monsieur assis à la table d'à côté... Bon, alors, le bel Émile venait souvent à la maison pour faire ses livraisons. Et puis un jour, un beau dimanche après-midi, il est arrivé comme ça, pour rien. Il est descendu de son camion, et mon père lui a lancé : « C'est quoi le problème, mon gars? Il me semble qu'on n'a rien commandé ! »

Alors, le pauvre Émile a relevé sa casquette. En me regardant dans les yeux, il a bégayé :

« Heu... Excusez-moi pour le dérangement, monsieur Vaillancourt. Je... je ne sais pas où j'avais la tête. Je... je suis un peu mêlé ces temps-ci... » Il est monté dans son vieux camion et reparti lentement, comme quelqu'un qui ne voulait pas vraiment s'en aller. À ce moment précis, debout sur la galerie, je suis tombée follement amoureuse de lui. Tous les soirs, je rêvais à ses yeux, à ses mains, à sa bouche...

Par la grande vitre du restaurant, grand-maman Lumbago fixe un petit coin de ciel bleu qui perce les nuages. Ses yeux viennent de s'illuminer. Son vieux visage tremble comme une feuille. Je la regarde du coin de l'œil, parce qu'elle me gêne chaque fois qu'elle parle d'amour.

L'espion, à la table voisine, commande son quatrième café, fume cigarette sur cigarette. Il sort de sa poche un crayon et un calepin. Mine de rien, il prend des notes. Je ne file pas pour me faire achaler aujourd'hui. Je me lève et m'approche de lui. Le plus poliment du monde, je lui dis :

—Excusez-moi, monsieur l'espion, ne me prenez pas pour une tarte. J'ai vu votre petit manège. On m'a déjà fait le coup du voleur, du gangster, du hors-la-loi, du chasseur de primes et j'en passe. Je n'ai pas de temps à perdre, surtout aujourd'hui. Je viens de trouver ma grand-mère, c'est le moment le plus important de toute ma vie. Alors, vous buvez votre quatrième café en vitesse et vous nous laissez tranquilles! Nous avons besoin d'intimité. Comprenez-vous?

Exactement comme dans un film, l'espion écarquille les yeux et bredouille :

—Mais de quoi parlez-vous, jeune fille? Je suis un vendeur d'assurances, savez-vous ce que fait un vendeur d'assurances?

—Oui, je le sais! Ça espionne une grand-mère et une petite fille dans un restaurant.

—Mais c'est de la folie... Je n'espionne personne, je travaille!

Grand-maman Lumbago se lève et me prend par la main. Elle grogne en regardant l'espion :

—C'est un vrai péché d'espionner le monde ordinaire. Vous devriez avoir honte! Viens, Noémie, j'ai des choses importantes à te dire... en privé!

Nous sortons du restaurant et, malgré moi, je fais une grimace à l'espion de l'autre côté de la vitre. Il me dévisage, éberlué d'avoir été démasqué par une petite fille comme moi...

-5-

Retour à la maison

Sans nous consulter, grand-maman Lumbago et moi prenons le chemin de la maison.

—Ici, nous aurons la paix pour parler, dit-elle en verrouillant la porte.

On dirait que grand-maman s'énerve. Elle commence à faire des choses qu'elle ne termine pas. Elle prend le balai, puis le laisse dans un coin. Elle sort des assiettes de l'armoire, les pose dans l'évier, puis les remet dans l'armoire. Elle se rend à sa chambre, relève la douillette sur son lit, tapote son oreiller, replace la douillette.

Moi, je ne sais plus quoi faire, je la poursuis dans tous ses déplacements en l'observant.

—Ça va, grand-maman?

—Mon Dieu Seigneur! Noémie... Pourquoi me regardes-tu comme ça?

—Comme ça, comment?

—Comme ça, avec tes yeux pleins de questions.

—Mais parce que j'attends. Vous avez juré de me dire toute la vérité.

—On continuera demain, si tu veux bien.

Malgré moi, je donne un gros coup de pied dans le mur, les cadres font CLING... CLING... Je claque la porte de sa chambre et m'assois sur son lit en criant :

—Je le savais! C'est pourtant pas difficile de raconter la vérité. Je vous demande juste la vérité.

De l'autre côté de la porte, j'entends la voix de Madame Lumbago, ma supposée grand-mère, me chuchoter :

—Noémie, je vais te dire toute la vérité, je te le jure... Ce que j'ai à te raconter me donne déjà mal au ventre... Laisse-moi juste un peu de temps.

—D'accord, je vous accorde cinq minutes de sursis, ensuite je deviens folle, je vous le jure!

-6-

Dans la chambre

Étendue sur le lit, je regarde les photos de jeunesse accrochées au mur. J'en observe une où grand-maman semble avoir quinze ou seize ans. Elle est immobile sur un petit chemin de terre, sa grande jupe vole au vent. Elle sourit. Elle me ressemble.

Ensuite, j'en profite pour sortir de ma poche le fameux testament de Monsieur Lumbago.

Je lis plusieurs paragraphes blablabla que je ne comprends pas, sauf ces quelques lignes :

Article troisième

Je lègue à ma petite-fille Noémie, fille naturelle de Jeanne... blablabla et de François... blablabla, le total de tous mes avoirs en argent sonnant. Blablabla... dont elle pourra jouir à l'âge de dix-huit ans.

Blablabla... etc. Ce testament est clair comme de l'eau de roche. Grand-papa Lumbago me donne tout son argent. Mais il ne veut pas que j'en profite tout de suite. Pourquoi? Je l'ignore...

Soudain, j'entends une porte se refermer. Puis l'eau couler dans la baignoire. Je fourre le testament dans ma poche, me lève d'un bond et me précipite vers la salle de bain. Je me cogne le nez sur la porte verrouillée de l'intérieur.

—Grand-maman? Que faites-vous? Ça va?

—Oui... oui... ça va... ne t'inquiète pas...

—Pourquoi avez-vous barré la porte?

—Parce que... je vais prendre un bain...

—Un bain à deux heures de l'après-midi?

—Heu... oui... tous ces souvenirs me donnent des frissons. J'ai besoin d'un bain chaud pour me réchauffer. Tu comprends?

—Pas vraiment... Non...

Je regarde par le trou de la serrure et je n'en crois pas mon œil! Le bain déborde de bulles de savon. Je vois la tête de grand-maman Lumbago émerger de la mousse qui coule jusqu'au sol. Je n'en reviens pas.

Je m'assois sur le plancher et m'appuie contre le mur face à la porte. Je caresse le chat. En écho, j'entends :

—Noémie... tu es toujours là?

—Oui... Je suis là...

-7-

Le bain de grand-maman

Mine de rien, en flattant le chat couché sur mes genoux, je demande, comme si je parlais à la porte :

—À quinze ans, étiez-vous aussi belle que sur vos photographies?

—Heu... Je crois que oui, les garçons du rang venaient souvent m'inviter pour faire une promenade dans les champs ou pour aller à la danse au village. Mais mon cœur était rempli d'Émile jusqu'au bord. Il n'y avait plus de place pour un autre homme.

On dirait que, dans l'eau chaude, grand-maman a le goût

de raconter. Je dis à travers la porte :

—Alors, vous l'avez marié...

—Mais non, nous nous sommes fréquentés pendant deux ans. Dans les débuts, je descendais à bicyclette au village pour commander des choses à la quincaillerie. Ensuite, Émile plaçait le vélo dans la boîte arrière du camion et il me ramenait à la ferme. Et puis, petit à petit, il s'est mis à me rendre visite à la maison. Ensemble, nous marchions jusqu'à un petit ruisseau qu'on appelait le «ruisseau à la Truite».

—Et... il vous... il vous embrassait?

—Si je me souviens bien, c'est moi qui ai donné le premier baiser. Émile était timide... avec les filles.

—Vous l'avez embrassé comme dans les films et ensuite vous l'avez épousé?

—Pas tout de suite. Nous avons vécu deux années de bonheur. Lorsqu'il n'y avait pas trop d'ouvrage à la maison, je l'accompagnais dans ses livraisons. À cette époque, partout dans les campagnes et les villages, on parlait de la guerre en Europe. Il était question de conscription.

—De quoi?

—La conscription, c'était... comment te dire... l'enrôlement de tous les jeunes hommes pour aller faire la guerre. Un jour, Émile reçut une lettre lui annonçant qu'il devait s'enrôler lui aussi.

—Moi, à sa place, je me serais sauvée. Je ne serais jamais allée à la guerre.

—Nous y avons pensé, mais les déserteurs étaient pourchassés comme du gibier. C'était la honte des familles. Et l'armée promettait beaucoup de chances d'avancement aux jeunes qui s'enrôlaient. Il n'y avait qu'un moyen d'échapper à la guerre : se marier. Mais comme je n'avais pas encore dix-huit ans, il était impossible de nous marier. Alors, la veille de son embarquement, nous avons marché presque toute la nuit au bord du ruisseau à la Truite. C'était une nuit chaude d'automne; Émile et moi, nous nous sommes juré amour et fidélité en nous promettant de nous marier à son retour. Nous ne savions pas combien de temps durerait notre séparation... Alors, nous nous sommes embrassés longuement... Et nous avons...

Et là, grand-maman cesse de parler. Le silence règne de l'autre côté de la porte. Puis j'entends un long glissement dans le bain suivi par le bruit des bulles qui éclatent à la surface de l'eau. Je demande :

—Ça va? Ça va?

Pas de réponse...

—Grand-maman, que faites-vous?

-8-

La première vérité

Je regarde par le trou de la serrure. Je ne vois que le bain et la mousse flotter à la surface. Grand-maman Lumbago a disparu dans l'eau. Je ne sais pas quoi faire... Je compte les secondes... sept... huit... neuf... dix...

Je n'en peux plus! Elle va se noyer! Je donne des coups de pied et cogne de toutes mes forces sur la porte en criant :

—Mais sortez de l'eau! Sortez de l'eau!

Après une éternité, j'entends le bruit d'une grosse vague, suivi par le souffle de quelqu'un qui prend une profonde inspiration.

—Grand-maman Lumbago, ne me faites plus jamais une peur pareille. J'ai cru que vous vous étiez noyée...

—Voilà justement ce que j'ai ressenti quand Émile m'a quittée pour aller faire la guerre.

—Et alors... que s'est-il passé ce soir-là? La veille du départ?

—Nous avons... nous avons... nous n'avons plus de shampooing pour les cheveux.

—Allez, vous avez fait quoi?

—Nous avons oublié d'en acheter à la pharmacie!

—S'il vous plaît... grand-maman...

—Eh... mon Dieu Seigneur! que je ne suis pas habituée à dire ces choses-là... Nous avons consommé nos adieux, couchés dans l'herbe sous un grand chêne...

— Vous avez fait quoi?

On dirait qu'elle prend une grande respiration... Ensuite, elle chuchote :

— Nous avons... nous avons fait... l'amour...

Chaque fois que j'entends le mot amour à la télévision ou ailleurs, on dirait que je deviens toute croche en dedans. Je ne suis pas la seule, c'est la même chose pour toutes mes amies.

Je ne parle plus, je caresse le chat. Au bout d'un moment, je dis :

— Bon, mais ça ne m'explique pas pourquoi vous êtes ma vraie grand-mère.

— Au contraire, ça explique tout! Le lendemain matin, Émile est parti pour la guerre avec tous ses amis. Moi, je suis restée à la maison avec ma famille...

—Et il est resté combien de temps à la guerre?

—Deux ans, quatre mois et dix-huit jours.

—C'est long! Vous deviez être contente lorsqu'il est revenu.

—Attends... attends... Quelques semaines après le départ d'Émile... je... je me suis aperçue que j'étais enceinte...

Moi, je ne dis pas un mot. De l'autre côté de la porte, j'écoute grand-maman Lumbago prendre une grande respiration et replonger sa tête sous l'eau...

... 24... 25... 26 secondes. Elle ressort lentement et murmure en reprenant son souffle :

—Ce jour-là, le 8 octobre 1941, ma vie a chaviré dans le malheur.

Un grand silence pèse sur la maison. Moi, je pense dans ma

tête : grand-maman vient de me raconter la première vérité, la vraie !

-9-

La deuxième vérité

Lorsqu'elle sort de la salle de bain, grand-maman a les cheveux enveloppés dans une grande serviette. Elle porte sa vieille robe de chambre et elle me regarde avec ses yeux rouges.

—Le savon vous a piqué les yeux?

—Oui, et les souvenirs m'ont transpercé le cœur.

Je me blottis contre elle et lui murmure :

—Je vous remercie de m'avoir dit toute la vérité.

—Attends un peu, ce n'est pas terminé. Je ne t'ai raconté que... la première vérité.

—Et il y en a combien de vérités?

—Je l'ignore, mais il y en a plusieurs. Nous n'en sommes qu'au début de l'histoire. Le bain m'a donné de l'énergie. J'ai le goût de faire des tartes aux pommes!

Depuis que Madame Lumbago est devenue ma grand-mère, je la trouve un peu bizarre. D'abord, elle prend un bain en plein milieu de l'après-midi, et maintenant, elle veut faire des tartes aux pommes, en robe de chambre!

—J'ai besoin de bouger, dit-elle... Pendant que je prépare la pâte, veux-tu m'aider en pelant les pommes?

Je réponds oui avec la tête, je m'assois dans la cuisine et je la fixe avec mes yeux pleins de questions.

Elle me regarde du coin de l'œil, sort la farine d'un gros pot en vitre et je demande :

—Qu'avez-vous fait, enceinte?

À ma question, elle s'active d'un coup sec, emplit une tasse d'eau, la met au réfrigérateur. Elle sort des œufs, du vinaigre et de la graisse végétale. Elle bouge vite, comme quelqu'un qui ne veut pas se faire rattraper par les souvenirs.

Après quelques minutes, elle reprend, en regardant le fond du gros bol où elle mélange la farine et la graisse végétale :

—À l'époque, on ne devait pas enfanter hors du mariage. Les filles qui tombaient enceintes, on les appelait des «filles-mères». C'était la pire chose au monde, la honte de leur famille. Souvent, ces filles, pour sauver leur honneur, mariaient le père de leur enfant. On appelait ça des « mariages obligés ».

—Et vous ne pouviez pas marier Monsieur Lumbago parce qu'il se trouvait à la guerre!

—Exactement, répond grand-maman en mélangeant la pâte à tarte. Et il n'était pas question que j'épouse un autre homme que mon Émile... J'étais enceinte et ne pouvais pas le cacher bien longtemps. Un jour, ma mère a commencé à me poser des questions. J'ai éclaté en sanglots et lui ai tout avoué.

Grand-maman ajoute une cuillère de vinaigre à la pâte et dit :

—Alors... les vrais problèmes commencèrent. Mon père apprit la nouvelle et fit une crise épouvantable. Moi, l'aînée de la famille, j'avais trahi sa confiance. C'était l'enfer dans la maison.

—Pauvre vous... La plupart des parents de mes amies ne sont pas mariés. Et ça ne fait pas de problèmes!

Elle mélange la pâte, qui devient de plus en plus dure, et, en serrant les dents, elle gémit :

—Il ne fallait surtout pas que mes sœurs l'apprennent... que les voisins l'apprennent... que tout le village l'apprenne... Et par-dessus tout, il ne fallait pas que monsieur le curé l'apprenne. On appelait ça «un secret de famille».

Puis, en serrant toujours les dents, elle enfonce son pouce dans la pâte pour faire comme un trou. Elle y verse un jaune d'œuf et continue à brasser en ajoutant :

—Il ne restait qu'une solution. Je devais quitter la maison le plus vite possible et descendre en ville pour terminer ma grossesse et accoucher chez les bonnes sœurs!

En disant ça, elle brasse un peu trop fort et le bol tombe sur le côté.

—La pâte est prête, dit-elle en s'essuyant le front du revers du bras.

Elle va chercher un grand couteau et revient en le faisant tournoyer dans les airs :

—En l'espace de quelques jours, ma mère avait tout organisé. Il fallait dire à tout le monde que je m'en allais en ville pour travailler dans les manufactures. À l'époque, presque tous les jeunes hommes partaient pour la guerre, et souvent les filles quittaient les campagnes parce qu'il y avait beaucoup d'ouvrage dans les «shops».

Avec le grand couteau, elle

découpe la pâte en quatre parties. Elle saupoudre le dessus de la table avec de la farine et commence à pétrir la motte avec ses mains. En y mettant tout son poids, elle dit :

—Avec ma petite valise, j'ai pris le train pour Montréal. J'avais le cœur qui chavirait. Je me disais que cet enfant, né de l'amour d'Émile, serait le plus beau du monde. Pour

m'encourager, j'imaginais Émile, moi et l'enfant dans une belle maison sur le bord de la rivière à la Truite... et... et les pommes, Noémie, tu n'as pelé aucune pomme?

—Excusez-moi, grand-maman! Mais je ne peux rien faire d'autre que vous écouter. Je prenais le train avec vous... Je vous imaginais sur le bord de la rivière.

Elle s'assoit à côté de moi, prend un petit couteau et commence à peler les pommes :

—Tiens... je me sentais comme un vieux trognon de pomme... Par la fenêtre du train, je voyais la ville approcher. Il n'y avait pas encore de gratte-ciel à l'époque, mais pour une jeune fille comme moi, qui avait toujours habité la campagne, c'était immense, gigantesque! Rendue à la gare Windsor, j'ai remarqué que plusieurs filles descendaient avec leurs valises. Elles venaient travailler dans les manufactures.

Une fois les pommes pelées, tout se passe très rapidement dans la cuisine et dans la vie de ma grand-maman Lumbago. Avec le rouleau, elle aplatit la pâte pour que ça devienne épais comme du carton. Elle trouve rapidement un emploi dans une manufacture de linge et fabrique des vêtements pour les soldats. Ensuite, elle étend une rangée de morceaux de pommes dans l'assiette. Elle travaille huit heures par jour devant une machine à coudre. Puis elle étend encore une feuille de pâte sur les pommes. Elle gagne vingt dollars par semaine. Son ventre grossit à vue d'œil. Avec un petit pinceau, elle étend de l'eau sur le pourtour de la tarte pour coller le dessous et le dessus. Elle partage une chambre avec une des filles rencontrées à la gare. Elles deviennent les deux meilleures amies du monde. Elle coupe le surplus de pâte avec un couteau tout autour de la tarte. Avec la pointe du couteau, elle trace en grosses lettres : ÉMILE... Puis elle badigeonne la pâte avec un œuf pour que la tarte devienne plus dorée. Sa meilleure amie s'appelle Luce... Mademoiselle Luce Lalonde, celle que j'ai rencontrée à la maison de retraite!

—Avait-elle l'air d'une sorcière, à l'époque?

Grand-maman dépose la tarte dans le four. En se retournant, elle essuie ses mains sur son tablier.

—Mon Dieu Seigneur! c'est

bien trop vrai. Voilà pourquoi elle avait toujours un balai à la main...

Et là, nous pouffons de rire. Impossible d'arrêter. Grand-maman Lumbago, avec sa robe de chambre et sa serviette enroulée sur la tête, se tord de rire en plein milieu de la cuisine. Moi, je me tortille sur ma chaise. J'ai mal au ventre.

Nous rions tellement que nous avons l'air de deux folles. Au bout d'un moment, grand-maman Lumbago reprend son souffle :

—Ah... Mon Dieu Seigneur! que ça fait du bien... Il y a longtemps que je n'avais pas ri de la sorte. Profitons-en, parce que le pire reste à venir.

Moi, dans ma tête, je pense : voilà, elle vient de me raconter la deuxième vérité.

-10-

Le téléphone

Pas de chance. Mon père me téléphone chez grand-maman Lumbago :

—Allô, ma chérie, comme c'est vendredi, je termine tôt et nous allons manger au restaurant avec maman!

—Avec grand... avec Madame Lumbago? que je demande subtilement...

—Non, avec ta mère à toi...

—Et Madame Lumbago, elle peut venir avec nous?

—Bien... je... Comme on ne se voit pas souvent tous les trois, j'aurais préféré souper en famille, ce soir...

—Justement, grand... Madame Lumbago fait partie de la famille, à ce que je sache...

—Oui... heu... bon... j'arrive, nous en reparlerons tout à l'heure!

Je raccroche.

Là, je reconnais bien mon père, toujours débordé, toujours absent. Pour une fois que j'ai vraiment besoin de rester auprès de Madame Lumbago, le voilà qui m'invite au restaurant. Je vais y aller, mais je jure que ce soir, je reviens ici. Je dis à grand-maman :

—Bon, je dois souper au restaurant avec mes parents. Je reviendrai tout de suite après, ça va?

—Oui, ça va... Je vais en profiter pour me reposer et faire du ménage... dans ma tête. À tout à l'heure, ma belle petite-fille d'amour!

—Bonjour, ma belle grand-maman Lumbago d'amour préférée...

-11-

Le souper plate

Au restaurant, je m'assois en face de mes parents. Au début, je ne parle presque pas. Je dis juste des banalités :

—Je voudrais bien manger des côtes levées avec des patates frites... C'est super que nous soupions ensemble...

Mes parents discutent de leur travail. Ils boivent du vin et semblent très heureux. Moi, je les observe. Je me demande lequel est l'enfant de Monsieur et Madame Lumbago.

J'essaie de les imaginer tout jeunes, en culottes courtes. Mon père passe en tricycle, ma mère joue avec ses poupées au fond d'une garde-robe.

J'essaie de les imaginer en vieillards. Ma mère, toute ridée, tricote des chaussettes de laine. Mon père traverse le salon en marchant avec une canne. Il ressemble un peu à Monsieur Lumbago. Par contre, ma mère, avec ses petits yeux... hum... difficile à dire. Subtilement, je demande :

—Les parents, est-ce que ça dit tout à leurs enfants? Je veux dire toute la vérité?

Mes parents se regardent avec étonnement. Mon père avale une bouchée de travers, s'essuie la bouche avec une serviette de table. Ma mère me fixe sans broncher... Difficile à dire lequel des deux cache quelque chose de grave. J'attaque encore :

—Un secret de famille... ça veut dire quoi?

Et vlan, la question! Mon père me demande :

—Mais, Noémie, pourquoi poses-tu ces questions qui ne sont pas de ton âge?

Je les dévisage à tour de rôle :

—Dans l'ancien temps, qu'arrivait-il si un enfant naissait hors du mariage?

Ma mère se cale dans sa chaise, elle boit une gorgée de vin. Je demande :

—Avez-vous fait l'amour avant de vous marier?

Là, je viens de les ébranler sérieusement, comme on dit dans les films. Mes parents ne savent plus quoi faire. Ils regardent les autres clients du restaurant avec un petit sourire forcé. Chacun fixe son assiette, mine de rien... En haussant le ton, je demande :

— Faut-il faire l'amour une ou plusieurs fois pour faire un bébé?

Ça y est, mes parents craquent. Mon père réagit le premier. En me serrant le bras, il me supplie de parler moins fort. Ma mère lance un mouchoir de papier roulé en boule dans son assiette. Elle ferme les yeux en rougissant.

En silence, je les regarde se tortiller sur leurs chaises. Mon père semble le plus mal à l'aise. En plissant le front, comme Monsieur Lumbago, il me donne la réponse que je cherchais :

— Voyons, Noémie, on ne parle pas de ces choses-là... surtout au restaurant.

-12-

La troisième vérité

Après le souper plate, je me précipite chez grand-maman Lumbago. Étendue sur le divan du salon, appuyée sur de gros coussins, elle regarde la télévision. Je lui lance :

—Je sais qui est votre enfant, c'est mon père. Voilà pourquoi vous êtes ma grand-mère.

Elle sursaute.

—Quoi? Tu as parlé de tout ça à tes parents?

—Pourquoi? Je n'aurais pas dû?

—... C'est un secret. J'ai promis de ne jamais le dévoiler...

—Ne vous inquiétez pas. Ils ne se doutent de rien. Vous savez comme je suis subtile, quand je veux...

—Alors, ma jeune subtile, si c'est mon fils, comment se fait-il que ton père s'appelle François Malepart et non François Lumbago?

—Je... heu... Je ne le sais pas, mais vous allez me l'expliquer, hein?

En tapotant les coussins, elle me fait une petite place près d'elle :

—Viens ici... ma petite tannante.

Je me blottis contre grand-maman. Elle ne dit pas un mot et moi non plus. J'attends... Nous regardons un film de cape et d'épée. Le méchant est habillé en noir et le gentil en couleur pâle. Tout à coup, PFF... la télé s'éteint toute seule.

—Mais que se passe-t-il, grand-maman?

—Rien... Je viens de l'éteindre avec la télécommande.

En silence, nous demeurons immobiles devant la télévision fermée. Il fait noir dans le salon. Seule une petite lueur vient du passage. À côté de moi, j'entends la respiration de grand-maman qui s'accélère. Je sens qu'elle a quelque chose d'important à avouer. Tout à coup, sa voix rompt le silence :

—Donc, tout le temps de ma grossesse, je travaillais dans une manufacture. On appelait ça «travailler dans la guénille». Toute la journée, je cousais des boutons sur des habits de soldats. À chaque habit, je pensais que peut-être mon Émile... Je songeais à lui jour et nuit. Par un service de correspondance de

l'armée, je lui envoyais une lettre par semaine. Je lui disais que tout allait pour le mieux, que je travaillais à Montréal.

—Pourquoi ne lui parliez-vous pas de votre enfant?

—... Je ne sais pas... J'étais troublée... J'avais peur de tout, peur de sa réaction, peur d'accoucher, peur de ce qui allait se passer ensuite. Peur qu'il disparaisse à la guerre... peur de ma propre mort...

Je me colle contre elle :

—Mais non, vous ne mourrez jamais... Je vous aime trop pour ça.

—Tu es gentille... Finalement, deux semaines avant l'accouchement, je ne pouvais plus garder mon secret. Je lui ai envoyé une lettre de dix pages, dans laquelle je lui disais toute la vérité. Puis je me suis rendue toute seule à l'hôpital Miséricorde-Dieu et j'ai accouché...

Grand-maman perd la voix. Elle ne parle plus, ne respire plus. Ses bras tombent de chaque côté. Dans le noir du salon, je sens qu'elle penche la tête par-devant et je l'entends renifler comme quelqu'un qui pleure doucement. Au bout d'un long moment, elle murmure :

—Et là, après l'accouchement, j'ai à peine eu le temps de voir mon bébé. Le temps de remarquer qu'il avait une petite tache de naissance en forme de trèfle sous le nombril.

Yé!... Je ne dis rien, mais je sursaute sur le divan. C'est mon père, je savais que c'était mon père, il a une petite tache rouge sous le nombril, je l'ai vue souvent quand il prenait son bain ou qu'il sortait de la douche. Grand-maman continue :

—À l'époque, l'enfant d'une fille-mère était considéré illégitime. On l'emmenait à l'orphelinat pour qu'il soit adopté. C'était comme ça... on ne pouvait pas faire autrement...

Moi, je ne dis rien, mais je pense fort. Jamais, jamais je ne donnerais mon enfant comme ça pour le faire adopter par n'importe qui.

Et comme si grand-maman m'avait entendue penser, elle réplique :

— C'était une époque terrible. Émile se trouvait à l'autre bout du monde. Je n'avais plus de famille, presque pas d'argent pour faire vivre l'enfant et puis tout le monde fonctionnait comme ça...

— Oui, mais votre famille là-dedans, votre père, votre mère?

— Mon père ne voulait plus me parler, ma mère m'écrivait en cachette, et moi je lui envoyais des lettres par l'entremise de la Quincaillerie Lumbago. À l'hôpital, j'étais une fille parmi des centaines d'autres. La première nuit dans le grand dortoir, je me suis promis qu'un jour j'irais chercher mon enfant à l'orphelinat.

—Et vous êtes allée le chercher?

—Pas tout de suite. Je vivais dans une petite chambre avec Luce. Pour oublier mon malheur, je travaillais comme une folle, douze heures par jour, six jours par semaine. Tous les soirs dans mon lit, j'écoutais à la radio les nouvelles de la guerre en Europe. On parlait des victoires et des morts. Toutes les nuits, je m'éveillais en plein cauchemar. De temps à autre, je recevais une lettre d'Émile avec une photographie. Toute notre correspondance était mélangée. Il répondait à des lettres écrites cinq mois plus tôt. Et puis un jour, j'appris qu'il était blessé gravement, qu'il avait survécu aux éclats d'une grenade dans une embuscade. Il écrivait qu'en se regardant dans le miroir de

l'infirmerie, il ne se reconnaissait plus. Sa lettre m'annonçait qu'il serait rapatrié bientôt.

Moi, dans ma tête, j'imagine tout ça comme dans un film. Mais je sais que dans la vraie guerre, il n'y a pas de pause commerciale et qu'on ne peut pas faire avancer le film plus vite quand ça va mal. Je serre grand-maman dans mes bras. Elle tremble.

—Un jour, après des semaines d'attente, j'ai abandonné ma grosse machine à coudre en plein travail. Le contremaître courait derrière moi. J'ai sauté dans un taxi et me suis rendue à l'hôpital militaire. Je l'ai à peine reconnu. Il était là, mon bel Émile. Je le voyais de loin, couché dans un petit lit de fer blanc. Nous sommes restés face à face de longues minutes, puis je me

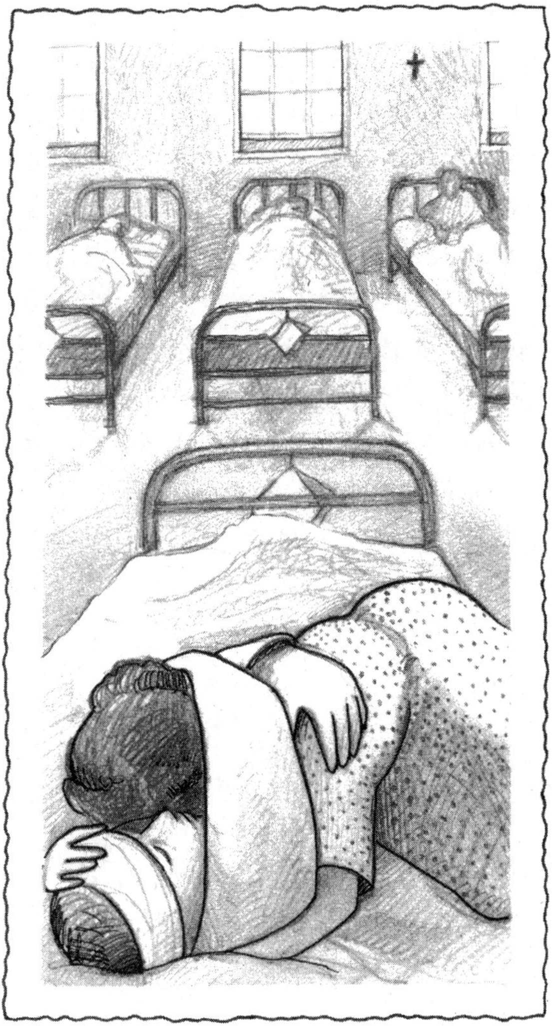

suis précipitée dans ses bras. Il a crié si fort que j'ai eu le souffle coupé. Il avait mal partout dans le corps. Nous nous sommes embrassés... Nous étions heureux... Nous étions heureux...

Je sens grand-maman vibrer à côté de moi. Elle tremble comme une feuille. Je ne sais pas quoi lui dire.

Tout à coup, PFF... la télévision s'illumine. La lumière jaillit dans le salon. Sans bouger, nous regardons une annonce publicitaire de savon qui lave plus blanc que blanc. Grand-maman et moi, nous nous regardons en grimaçant.

PFF... La télévision s'éteint de nouveau. Moi, je pense dans ma tête : grand-maman vient de me raconter la troisième vérité. Elle me demande :

—Veux-tu un verre de lait avec des biscuits?

-13-

Le dodo

Je bois du lait et grand-maman une tisane. Depuis qu'elle me raconte sa vie, on dirait que je ne la vois plus comme avant. Ce matin, elle s'appelait Madame Lumbago, ma gardienne préférée, et ce soir, elle est devenue ma grand-mère. Je n'en reviens pas, maintenant, je connais presque toute sa vie.

Je pense à mon père, à ma mère, à mon autre grand-mère, à mes oncles, et je me dis que chacun possède son histoire. Et quand on les regarde, rien ne paraît. C'est caché à l'intérieur, comme un petit poisson qui nagerait dans le lait et qu'on ne verrait pas.

Je suis complètement épuisée. Je bâille :

—Je vais me coucher dans votre lit parce que je n'en peux plus. Je viens de passer la journée la plus émouvante de toute ma vie.

—Moi aussi je suis épuisée, répond grand-maman en éteignant les lumières. Je t'accompagne.

Dos à dos, chacune de notre côté du lit, nous nous déshabillons, enfilons nos chemises de nuit et nous couchons.

—Bonne nuit, ma belle grand-maman...

—Bonne nuit, Noémie chérie...

Je m'endors, bercée par le chant de la rivière à la Truite et le ronron des machines à coudre.

-14-

Le réveil

J'ai mal dormi. Mon cerveau déborde de points d'interrogation. Je me tourne vers grand-maman. Elle dort, immobile, couchée sur le dos, les deux mains délicatement posées sur son ventre. Je regarde son vieux visage. Pas une ride ne bouge. Ses cheveux glissent sur l'oreiller...

Pour passer le temps, j'observe les photographies accrochées aux murs de sa chambre. En même temps, je repense à tout ce qu'elle m'a raconté et je n'en reviens pas encore.

Le petit cadran marque huit heures et quart. Habituellement, elle se réveille avant moi et prépare le petit déjeuner. Habituellement, l'odeur des rôties ou du bacon me réveille. Il lui arrive même quelquefois de chanter avec son petit serin.

Grand-maman est toujours immobile près de moi. Je me retourne dans le lit, je gigote et elle ne réagit pas. Elle dort comme un bébé. Je chante une petite chanson en regardant le plafond. Et soudain mes orteils touchent à... ses pieds... ses pieds glacés. Ses pieds glacés comme si elle était... Je sursaute dans le lit. Des centaines d'images se mêlent dans ma tête. Je me dis :

—Non! Non! Non! Ce n'est pas vrai! Mon Dieu Seigneur! Ce n'est pas vrai!

Je pose mon bras contre le sien, il est tiède. Je colle mon oreille contre son nez. Ouf.. elle respire, ma grand-maman respire.

Pendant une seconde, j'ai cru que...

J'aime mieux ne pas y penser. Je me lève doucement pour ne pas la réveiller. J'enfile mes pantoufles et referme délicatement sa porte de chambre. La cuisine déborde de soleil et le petit serin chante à tue-tête.

Grand-maman se réveille. Je l'entends bardasser dans sa chambre. Elle trottine dans le corridor et apparaît en attachant le cordon de sa robe de chambre. Les yeux rieurs, elle s'exclame :

—Mon Dieu Seigneur! Noémie... c'est le grand service du matin!

Pour lui faire une surprise, j'ai dressé la table, sorti les napperons, les assiettes, les couteaux, les cuillères, le lait, le pain, le beurre, le beurre d'arachide, les oranges, les pamplemousses, les quatre sortes de céréales, les trois pots de confiture, les œufs, le bacon, les muffins, le café, les sachets de thé... et les chandelles.

Elle fait le tour de la table et finit par dire :

—Pour une surprise, c'est toute une surprise.

—Prenez votre chaise préférée, grand-maman, ce matin je vous offre le petit déjeuner. Vous, vous continuez à me raconter vos vérités.

—Mon Dieu Seigneur! Noémie, laisse-moi au moins le temps de me réveiller.

—J'ai tout prévu, pour vous réveiller, je vous ai fait un bon café avec l'eau chaude du robinet.

-15-

La quatrième vérité

L'une en face de l'autre, nous déjeunons sans rien dire. J'attends...

J'écoute le lait qui coule dans les céréales, les rôties qui craquent sous les dents. Grand-maman sirote son café en fixant le plafond. Elle évite de me regarder dans les yeux parce qu'ils sont pleins de questions.

Je reste immobile sur ma chaise. Soudain, n'en pouvant plus, elle dit :

— Bon... Aujourd'hui, il faudrait bien faire un peu de ménage et un peu de lavage...

Je ne réponds rien. Je la regarde en fronçant les sourcils. Elle demande :

—Te rappelles-tu si nous avons lavé le plancher du corridor la dernière fois?

—Non, mais je me souviens que vous étiez en face de Monsieur Lumbago dans l'hôpital militaire...

Elle sirote son café en tremblant un peu. Sa respiration s'accélère et elle s'envole dans les souvenirs :

—Ah oui... Ce fut un des moments les plus curieux de toute ma vie. J'étais heureuse de revoir mon Émile et en même temps si peinée de tout ce qui s'était produit durant son absence. Il passa deux mois complets à l'hôpital. J'allais le visiter tous les jours. Je le regardais marcher avec ses béquilles et le reconnaissais à peine. C'était lui et pas le même homme, je ne sais pas si tu comprends?

Même si je ne comprends pas trop, je dis oui oui pour ne pas l'arrêter dans ses souvenirs.

—Ce fut une période très étrange. Émile et moi, nous nous aimions encore, mais nous nous chicanions tout le temps. Il était furieux parce que j'avais attendu pour lui annoncer sa paternité. Et surtout, surtout, il voulait connaître cet enfant. Après sa sortie de l'hôpital, nous nous sommes donc mariés en vitesse. Luce Lalonde et un des compagnons d'Émile furent nos seuls témoins.

—Aviez-vous une grande robe blanche qui traînait jusqu'à terre? Je ne me souviens pas d'avoir vu de photos...

—Non, ce fut tout le contraire

d'un beau mariage... Vite fait, sans famille, sans photographe, sans robe longue... Ensuite, nous avons amorcé les recherches pour retrouver notre fils, et là...

Et là, grand-maman se lève pour rien, elle se rend au comptoir de la cuisine, elle ouvre et referme la porte du réfrigérateur, elle emplit l'évier d'eau chaude pour laver la vaisselle.

—Mais voyons, grand-maman, vous n'avez même pas terminé votre déjeuner, vous n'avez pas bu tout votre café et... vous n'avez pas fini votre phrase.

En marchant de long en large dans la cuisine, elle marmonne :

—... Et à l'orphelinat, une sœur secrétaire nous a reçus dans un petit bureau blanc. Elle nous a parlé derrière une vitre. Je lui ai donné la date et le lieu de l'accouchement, elle est disparue derrière de grands classeurs de métal et, après quelques minutes, elle est revenue les mains vides en nous disant d'un petit ton sec : « Nous regrettons, le dossier est fermé et confidentiel... L'enfant a été adopté. Il n'y a rien que vous puissiez faire... » Mon Dieu Seigneur, ma petite Noémie, à ce moment, tout mon sang s'est jeté dans mon cœur. J'ai pleuré, crié, hurlé comme une bête sauvage. À bout de souffle, je me suis effondrée dans les bras d'Émile.

Je reste figée sur ma chaise. Je ne suis même pas capable d'avaler ma bouchée de céréales. Une petite voix me dit que grand-maman vient de me raconter la quatrième vérité.

-16-

La cinquième vérité

J'écoute grand-maman et des frissons me parcourent le corps. Elle reste quelques instants debout devant la table, suspendue dans ses souvenirs, puis, en regardant le plancher, elle murmure :

—Heureusement, Émile m'a beaucoup aidée. Pendant sa convalescence, il est retourné plusieurs fois à l'orphelinat pour rencontrer les sœurs supérieures, les infirmières, les secrétaires et même les balayeurs pour récolter des indices. Il revenait toujours bredouille. Le dossier d'adoption restait caché dans une voûte pour... assurer la protection de l'enfant et des parents adoptifs.

—Alors, une nuit, Monsieur Lum... grand-papa Lumbago s'est introduit en secret dans la voûte et il a photographié tout le dossier avec des microfilms?

—Mais non... Je n'étais certaine que d'une chose : notre garçon avait une petite tache de naissance en forme de trèfle sous le nombril. Alors, pendant des mois, nous avons fait le tour des hôpitaux, des parcs, des piscines, des terrains de jeux. Nous avons interrogé des centaines, des milliers de personnes et nous n'avons rien trouvé. Il pouvait se trouver n'importe où au monde... Nous étions complètement découragés.

—Et il était caché où? Vite, dites-le. Je ne peux plus attendre!

—Émile a eu une idée de génie. Nous avons fait publier une petite annonce tous les jours dans les grands journaux. Je me souviens du texte par cœur : *Offrons une généreuse récompense pour tout renseignement concernant un garçon ayant une tache de naissance en forme de trèfle sous le nombril.*

—Et la récompense, elle était de combien?

—Nous offrions cent dollars pour la plus petite information nous donnant une piste sérieuse. Nous avons reçu des dizaines de lettres, des centaines d'appels téléphoniques. Autant d'espoirs déçus : les dates ne concordaient pas, ou il s'agissait d'une fille... ou d'une blague. Et puis, un jour, environ six mois après avoir fait publier notre première annonce, nous avons reçu l'appel d'une dame qui jurait avoir gardé un jeune garçon qui correspondait à la description. Nous avons immédiatement pris rendez-vous avec cette dame, Madame Métivier. Elle affirmait avoir été la bonne d'enfants dans une famille de...

—C'est quoi une bonne d'enfants?

—Les familles riches engagent souvent des gens qui s'occupent du jardin, font la cuisine, gardent les enfants... Cette Madame Métivier avait été la gardienne d'un petit garçon qui avait une tache de naissance en forme de trèfle sous le nombril. Elle avait été congédiée. Ça ne devait pas être une très bonne gardienne. Elle sentait l'alcool et avait de drôles de manières. Émile et moi avons discuté avec elle pendant une soirée complète. Nous lui posions toutes les questions qui nous brûlaient les lèvres. Comment était-il? À qui ressemblait-il? Qui étaient les parents adoptifs? Finalement, à la fin de la soirée, nous étions certains de suivre la bonne piste. Nous avons échangé une enveloppe contenant cent dollars contre un tout petit bout de papier...

—C'est cher pour un petit bout de papier!

—Oui, mais nous aurions donné un million pour connaître l'adresse des parents adoptifs de notre enfant.

—Puis vous avez sauté dans un taxi et vous êtes allés le chercher...

—Voyons donc, Noémie... On ne peut pas sonner à la porte d'un inconnu et dire: «Bonjour, nous venons chercher notre fils... que vous avez adopté il y a trois ans...» Légalement, l'enfant avait été adopté. Ils auraient appelé la police tout de suite... Nous ne pouvions rien faire.

—Alors, qu'avez-vous fait?

—Pendant la première fin de semaine, nous nous sommes rendus à l'adresse mentionnée : Monsieur et Madame Malepart, 27 carrefour de la Montagne. Nous y avons trouvé une immense maison grise. Une maison grande comme un château. Émile et moi avons pris place sur un banc et nous avons attendu une partie de la journée. Soudain, à trois heures de l'après-midi, la porte d'entrée s'est ouverte et une jeune femme est sortie de la maison avec un petit garçon. Il n'y avait pas de doute. Il ressemblait à Émile! Nous étions figés comme des statues en regardant passer notre enfant. Il

avait l'air sérieux et bien élevé pour son âge. Mon pauvre cœur de mère bondissait dans ma poitrine. Je serrais la main d'Émile tellement fort, qu'il se retenait pour ne pas crier.

—Et quand il est passé, vous lui avez dit «Bonjour, je suis ta maman...»

—... Nous les avons suivis. Nous marchions sur le trottoir derrière eux. À chaque pas, je me disais : «Je marche derrière mon fils... Je marche derrière mon fils.» Nous les avons suivis jusqu'au parc. La gardienne s'est installée sous un arbre. Le petit jouait dans le sable. Émile et moi avons pris place à côté et avons regardé notre enfant jouer avec son camion, un beau petit camion jaune... Soudain, le petit a levé les bras et j'ai pu voir sa petite tache de naissance sous le nombril... À ce moment-là, tout mon corps est devenu mou comme de la guénille. Pour la première fois depuis le départ d'Émile pour la guerre, j'étais enfin heureuse. J'avais du soleil dans le cœur. Je serrais très fort le bras de mon mari et là, tout près, je regardais notre enfant, vivant et en bonne santé.

Grand-maman reste immobile en plein milieu de la cuisine. Moi, je ne bouge pas. Je crois qu'elle vient de me raconter la cinquième vérité.

-17-

François Malepart

Après le déjeuner, nous débarrassons la table. Grand-maman dit :

—Bon... c'est aujourd'hui samedi, il faut faire le ménage, le lavage et le repassage. Veux-tu venir avec moi à la buanderie?

J'aime bien aller à la buanderie. Nous installons la petite poche remplie de linge sur ma voiturette et nous marchons toutes les deux sans dire un mot. Je ne pose même pas de question, soudain grand-maman raconte :

—Chaque fin de semaine, nous nous rendions au parc

pour voir notre garçon. Nous ne savions même pas son nom!... Un jour, la gardienne l'appela : «Bon, viens-t'en, Francois, c'est l'heure de rentrer!» Notre fils s'appelait François... François Malepart. À partir de ce moment, tous les soirs, sans exception, je m'endormais en rêvant à mon petit Francois...

Nous arrivons à la buanderie, nous remplissons une machine avec le linge sale et puis, hop! le savon, hop! les pièces de monnaie et puis, ronronron petit patapon, le lavage tourne en rond! Je suis de bonne humeur parce que je commence à tout comprendre. Presque tout. Je demande :

—Et puis?

Et puis nous sortons de la buanderie pour nous asseoir sur un banc. Grand-maman me prend la main et raconte :

—Les semaines passaient à une vitesse folle. Émile et moi ne vivions vraiment que le samedi et le dimanche. Nous nous rendions au parc et, les larmes aux yeux, nous regardions grandir notre François. Certaines fins de semaine pluvieuses, notre petit chéri ne quittait pas son château. Émile et moi restions debout sous notre parapluie à attendre que la porte s'ouvre... puis nous retournions chez nous, la mort dans l'âme. Ces jours-là, j'avais l'impression de ne pas avoir vécu...

En parlant, grand-maman regarde au loin dans ses souvenirs et elle me caresse la main... mais je ne suis pas folle. Ce n'est pas ma main qu'elle caresse, mais celle de son petit François adoré. Elle murmure en fixant le trottoir :

—Mon Dieu Seigneur que j'ai souffert... Il y avait les journées de pluie et, surtout, les longs mois d'hiver où François ne sortait presque pas. Je passais de grandes journées à l'imaginer dans son immense maison... Je me levais avec lui, déjeunais et jouais avec lui... Ensuite, il commença l'école. Certains après-midi, Émile allait le voir sortir avec son petit sac en bandoulière... Et puis, les années ont passé, nous sommes devenus familiers avec la gardienne de François. Elle s'appelait Julie Lavallée. Elle était toute petite et on la surnommait «la puce». Toutes les fins de semaine, nous la rencontrions au parc. Ensemble, nous parlions de toutes sortes de choses. Et François grandissait, il nous connaissait bien. Il nous appelait Monsieur et Madame Lumbago. Certains après-midi d'été, nous jouions dans le sable avec lui.

—Et la gardienne ne disait rien?

—Elle nous connaissait bien et nous faisait confiance. Pendant ce temps-là, elle en profitait pour lire, se reposer et parler aux garçons...

—Et vous, grand-maman, vous n'avez pas eu... d'autres enfants?

—Non. On dirait que quelque chose s'était brisé dans mon ventre, qu'il n'y avait plus de place pour un autre petit... Bon! Il faut y aller, je crois que c'est terminé.

—Ça se termine comme ça? J'ai encore beaucoup de questions...

—Je crois que le LAVAGE est terminé...

-18-

La corde à linge

En vitesse, nous fourrons le linge humide dans la poche et nous repartons vers la maison. Grand-maman dit :

—Nous allons le faire sécher sur la corde à linge, ça va sentir bon...

Moi, je réfléchis. Il manque encore plein de pièces à mon casse-tête. Pourquoi mon père ne dit-il jamais «maman» à Madame Lumbago? Pourquoi demeurent-ils l'un au-dessus de l'autre? Pourquoi Monsieur Lumbago n'a-t-il pas donné son héritage à son fils? Et surtout,

surtout, pourquoi on ne m'a jamais dit la vérité?

À la maison, j'aide grand-maman à étendre le linge sur la corde. Pour ne pas qu'elle se penche, je fouille dans le sac et lui donne les vêtements mouillés qu'elle étend sur la corde. La poulie grince. Déjà, une chemise et deux paires de bas se balancent au vent. Il me vient une idée :

—Écoutez, grand-maman, je vous remercie de m'avoir raconté votre vie dans les moindres détails, mais là, je voudrais savoir plein de choses et en vitesse... Nous allons jouer au jeu des questions éclair. En vous donnant une pièce de vêtement, je vous pose une question simple, et vous devez me répondre avant d'avoir fini de l'épingler, sinon vous perdez un point... D'accord?

—Si tu veux... répond grand-maman en épinglant une paire de bas. Je viens de gagner un point.

Je lui donne un jupon et demande :

—Bon, pourquoi personne ne m'a jamais rien dit?

—Veux-tu que je te réponde franchement toute la vérité?

—Heu... Oui...

—Alors, je ne peux pas te donner une réponse éclair. C'est trop compliqué et, en même temps, trop simple.

—Bon... Vous ne perdrez pas de point pour cette réponse-là. Allez-y, je vous écoute...

—Je vais résumer la situation pour que tu comprennes bien... Émile et moi étions devenus copains avec Julie la gardienne. De temps en temps, la mère adoptive de Francois, Madame

Malepart, les accompagnait au parc. La mère comprit très vite que nous connaissions bien son enfant, qui nous appelait toujours Monsieur et Madame Lumbago. Nous avons sympathisé avec la mère. C'était une femme très gentille qui s'ennuyait énormément. Son mari travaillait dans l'exportation de produits chimiques et il voyageait beaucoup. Un samedi, elle nous invita, Émile et moi, à prendre le thé dans sa maison. Petit à petit, lorsque son mari s'absentait, elle se mit à nous inviter. Nous passions de grandes soirées à jouer aux cartes et à papoter.

En étendant le linge sur la corde, grand-maman tremble de partout. Elle dit :

—Imagine un peu le tragique de la situation. Nous allions souvent chez Madame Malepart et, le soir, prétextant que nous aimions beaucoup les enfants, c'est Émile ou moi qui conduisions François dans sa chambre. Nous le bordions, lui caressions le front et lui racontions même des histoires. C'était insoutenable comme situation, nous étions tellement heureux de nous retrouver près de lui et, en même temps, il ne fallait rien montrer pour ne pas éveiller de soupçons. À la fin de la soirée, nous retournions à la maison, le cœur en lambeaux...

En lui donnant une paire de bas rouges, je dis :

—Résumez encore plus, grand-maman. Je suis sur le bord de faire une crise de nerfs...

—D'accord. Voici une réponse éclair : tu n'as jamais rien su parce que nous avons fait la promesse de ne rien dire.

Bon, je sens que grand-maman se fout de moi! En lui donnant une autre paire de bas, je lui dis :

— D'accord, allez-y... Expliquez-moi les choses à la vitesse que vous voudrez...

-19-

La sixième vérité

Grand-maman continue :

— Lorsque son mari partait en voyage, Madame Malepart nous appelait. À la longue, elle et moi sommes devenues deux grandes amies. Un jour, je lui ai pris la main et lui ai demandé si je pouvais lui confier le plus grand secret de toute ma vie... Je lui ai avoué que j'étais la mère naturelle du petit François et...

Et je lui donne une débarbouillette à étendre :

— Vous avez ramené François chez vous...

— Non... Madame Malepart était consternée. Elle a eu une

réaction de recul. Elle a pris François par le bras et l'a ramené à la maison en vitesse. Quelques jours ont passé. Puis nous nous sommes appelées et nous avons parlé pendant de longues heures. Elle a fini par comprendre que nous aimions tellement notre enfant que nous ne voulions pas le lui enlever, ni même lui dire la vérité. Il n'y avait qu'une chose importante : le bonheur de François! Nous ne voulions traumatiser personne.

—Je vois... S'il avait appris que vous étiez ses vrais parents, il aurait été déchiré entre les deux familles.

—Exactement, tu as tout compris... Nous voulions toutes les deux le bonheur de François. Nous avons conclu un pacte, sa mère et moi. Nous avons fait un serment d'honneur en jurant de ne dire la vérité à François qu'à la...

—Qu'à la... quoi?

—Qu'à la mort de l'une ou de l'autre.

—Et, si je comprends bien, l'autre madame est encore vivante.

—Eh oui, et il l'appelle toujours maman...

Je lui donne un linge à vaisselle à épingler :

—Et vous avez toujours tenu votre promesse? Vous n'avez jamais rien dévoilé à mon père François?

Grand-maman répond :

—Tiens, passe-moi donc la chemise, je vais l'étendre...

—Grand-maman. LA VÉRITÉ!!!

Elle regarde le ciel, se penche pour voir si personne n'écoute sur la galerie d'en bas, elle rougit et chuchote :

—Je n'ai pas été capable de tenir mon serment. Le jour de ses vingt et un ans, nous avons invité François à souper et nous lui avons dévoilé la vérité en lui faisant promettre de ne rien dire pour ne pas peiner sa mère adoptive. C'est ce qu'on appelle un secret de Polichinelle. Tout le monde connaît le secret, mais personne n'en parle...

Je lui donne une taie d'oreiller à étendre :

—Et pendant le souper, la musique devint triste et il se jeta dans vos bras en pleurant?

—Non... au début, il croyait à une blague... On lui expliqua toute l'histoire, on lui montra des photos d'Émile à son âge et la ressemblance le frappa. Ce fut un choc terrible, justement le choc que nous voulions lui épargner lorsqu'il était tout jeune...

Un an plus tard, le locataire d'en bas quittait son logement et François s'y installa. Tous les soirs, il venait souper ici. Nous avons parlé beaucoup, pleuré beaucoup et puis, à la longue, la vie a continué son cours.

Je lui donne un chandail à faire sécher :

—Et sa mère adoptive, la voit-il encore?

—Oui, il la voit souvent. Pour lui, elle représente toujours sa mère puisqu'il a passé vingt et un ans près d'elle. Ces liens-là ne se défont pas, ne se déferont jamais.

Je lui donne une chemise à étendre :

—Et vous n'êtes pas jalouse?

—J'ai été jalouse longtemps. Depuis qu'il habite en bas, je me sens mieux. Et puis, tu ne le sais pas, mais il monte souvent me voir pour me dire des petits mots doux...

Je lui donne un tablier :

—Des petits mots doux?

Grand-maman devient rouge comme une tomate :

—Il se colle contre moi et me chuchote à l'oreille des choses comme «Bonjour ma vraie petite maman d'amour» ou «J'ai pensé à vous aujourd'hui».

Quand il me parle ainsi, je suis de bonne humeur pour une semaine... Ce sont des choses que tu comprendras si un jour tu as des enfants...

Je lui tends un autre tablier :

—Et pourquoi je ne l'ai jamais vue, cette madame?

—Parce que ça fait partie d'un accord entre nous deux. Comme je suis la vraie mère et que je n'ai pas pu m'occuper de mon fils, elle a juré qu'elle ne s'interposerait jamais entre toi et moi.

—Je comprends... Et moi, comment je suis arrivée là-dedans?

—Eh bien, mon François a fréquenté plusieurs jeunes filles et puis un jour, il a rencontré Jeanne. Elle est venue habiter en bas. Quatre ans plus tard, j'ai appris que je deviendrais grand-mère. Ce fut pour moi un grand bonheur. Avec Jeanne, j'ai revécu toute ma grossesse et j'ai assisté à l'accouchement. Je t'aimais avant même de te voir. Et quand je t'ai vue, j'ai soupiré : «Ah... Voilà ma belle petite Noémie d'amour!»

—Et c'est comme ça que vous êtes devenue ma gardienne... Parce qu'en cachette, vous étiez ma vraie grand-mère... et j'imagine que vous ne m'avez jamais dit la vérité parce que c'était un secret et que, si je l'avais su, je vous aurais toujours appelée grand-maman et on se serait posé des questions du genre «comment ça se fait qu'elle est sa grand-mère» et «c'est quoi leur secret de famille» et «pourquoi ceci et pourquoi cela» et tout ça ne regarde personne et si la mère adoptive était venue ici et que je vous avais appelée grand-maman, elle aurait compris que vous aviez trahi votre serment et elle aurait été fâchée et patati et patata et...

—Voilà, tu as tout compris. Maintenant, tu connais toute la vérité et rien que la vérité, je le jure. Il n'y a plus de linge à faire sécher...

—Mais oui, grand-maman, il reste un paquet de petites culottes au fond du sac.

Elle s'installe sur la chaise berçante au bout de la galerie et répond :

—Ça, les petites culottes, je ne les étends pas à la vue de tout le monde. Je les fais sécher à l'intérieur, dans la maison...

Je m'assois sur ses genoux et, en me collant contre elle, je réfléchis. Grand-maman vient de me raconter la sixième vérité. En me laissant bercer, je repasse le film de tous les événements. Deux questions restées sans réponse me brûlent les lèvres.

-20-

La septième vérité en nous berçant

Je demande :

— Pourquoi grand-papa Lumbago n'a-t-il pas donné son héritage à son fils François?

—Je ne sais pas, répond-elle en se grattant le front. Probablement parce qu'il savait que François recevrait un très gros héritage de sa famille d'adoption. Ou peut-être qu'il se disait que, de toute façon, cet argent-là finirait par te revenir. Émile avait souvent de drôles d'idées. Il t'aimait beaucoup et, si je me souviens bien, il parlait souvent du trésor en ta présence. Je pense qu'au fond, il espérait que tu découvres le trésor et le testament pour que la vérité éclate au grand jour. Il trouvait que toute cette histoire de serment et de secret n'avait pas beaucoup d'allure.

—Et le petit miroir que nous avons trouvé dans le mur?

—Il l'a probablement ramené de la guerre, avec la grenade. Il ne m'en a jamais parlé... Émile avait ses petites cachotteries... Tu t'en es aperçue, n'est-ce pas? Et moi, je te jure, je t'ai dit toute la vérité, rien que la vérité.

Je reste blottie dans les bras de grand-maman. Elle me serre fort. Nous nous berçons en silence. Un vent léger caresse le linge étendu sur la corde. Le serin chante dans la cuisine et le chat saute sur mes genoux. De gros nuages s'ouvrent dans

le ciel et le soleil apparaît au-dessus de la maison.

Maintenant que je connais tout le passé de grand-maman, je me demande ce que nous réserve l'avenir. Mon imagination court au galop. J'ai tellement d'idées que je deviens tout étourdie. Je me vois déjà propriétaire d'un jardin zoologique grand comme un village. Mes parents habitent une petite maison dans la jungle derrière l'enclos des zèbres et des pandas. Mon école se trouve de l'autre côté de l'étang sur lequel flotte un gros bateau de pirates. Grand-maman a caché un sac plein de pièces de monnaie sous le kiosque de crème glacée. Tous les jours, des centaines d'enfants jouent à la chasse au trésor. Les singes et les girafes se promènent en liberté. Je circule à dos d'éléphant. Dans la partie western du zoo, une banque offre à chaque demi-heure le spectacle de bandits qui s'emparent du coffre de sûreté. Et dans le ciel, suspendues au-dessus du zoo, des milliers de planètes tournent en silence. C'est beau...

Je me colle contre ma grand-mère et je lui murmure en l'embrassant :

—Vous m'avez raconté toutes vos vérités. Il y en a six en tout. Mais vous avez oublié la septième, celle qui est la plus importante...

—Quelle septième vérité?

—Je vous aime, ma belle grand-maman d'amour!

FIN

Fiches d'exploitation pédagogique

Vous pouvez vous les procurer sur notre site Internet à la section jeunesse / matériel pédagogique.

www.quebec-amerique.com

GARANT DES FORÊTS INTACTES

L'impression de cet ouvrage a permis de sauvegarder l'équivalent de 59 arbres de 15 à 20 cm de diamètre et de 12 m de hauteur.